Juegos y deportes electrónicos

ZONA DE TUBERÍAS

EL FUTURO DE LOS VIDEOJUEGOS

Kaitlyn Duling

Traducción de Santiago Ochoa

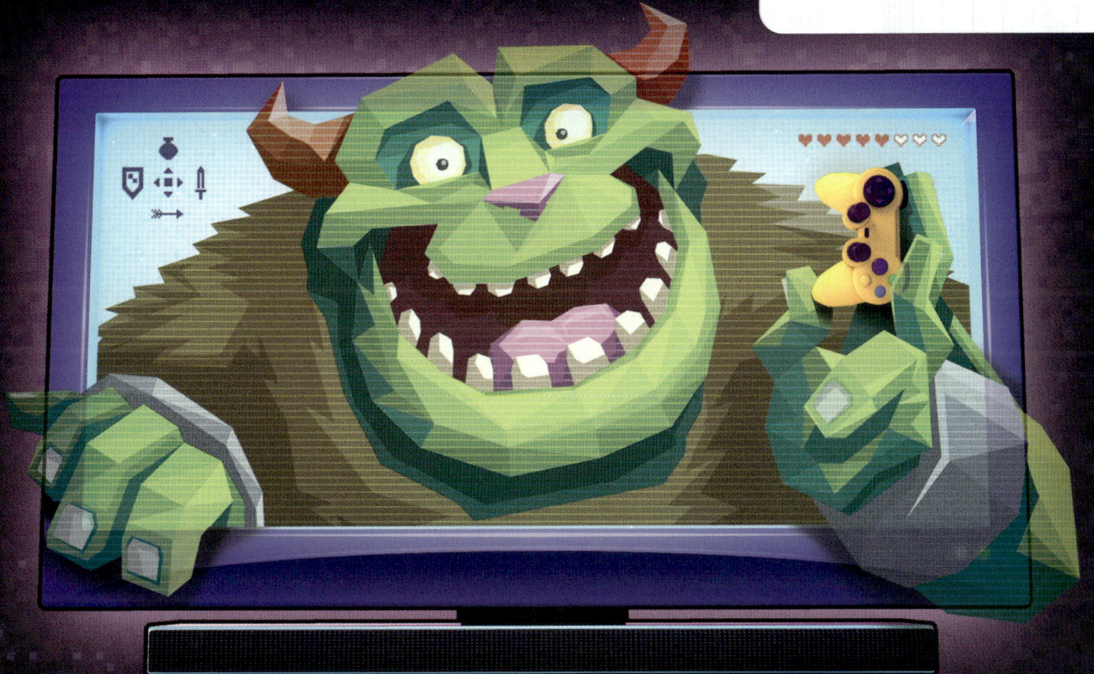

ANTES Y DURANTE LAS ACTIVIDADES DE LECTURA

Antes de leer: *Construir los conocimientos previos y el vocabulario*

Los conocimientos previos pueden ayudar a los estudiantes a procesar nueva información y a basarse en lo que ya saben. Antes de leer un libro, es importante aprovechar lo que los estudiantes ya saben sobre el tema. Esto los ayudará a desarrollar su vocabulario y a aumentar su comprensión lectora.

Preguntas y actividades para reforzar los conocimientos previos:

1. Mira la portada del libro y lee el título. ¿De qué crees que tratará este libro?
2. ¿Qué sabes ya sobre este tema?
3. Recorre el libro y hojea las páginas. Mira el índice, las fotografías, los pies de foto y las palabras en negrita. ¿Te han dado estas características del texto alguna información o algún adelanto sobre lo que vas a leer en este libro?

Vocabulario: *El vocabulario es clave para la comprensión lectora*

Utilice las siguientes instrucciones para iniciar una conversación sobre cada palabra.

- Lee las palabras del vocabulario.
- ¿Qué se te viene a la mente cuando ves cada palabra?
- ¿Qué crees que significa cada palabra?

Palabras del vocabulario:

- *adaptables*
- *becas*
- *diversos*
- *envolvente*
- *nube*
- *streaming*

Durante la lectura: *Leer para entender y comprender*

Para lograr una comprensión profunda de un libro, se anima a los estudiantes a utilizar estrategias de lectura detallada. Durante la lectura, es importante que los estudiantes hagan una pausa y creen conexiones. Estas conexiones dan lugar a un análisis y una comprensión más profundos del libro.

 ## Lectura detallada de un texto

Durante la lectura, pida a los estudiantes que hagan una pausa para hablar de los siguientes aspectos:

- Las partes confusas.
- Las palabras desconocidas.
- Las conexiones dentro del texto, entre el texto y uno mismo y entre el texto y el mundo.
- La idea principal de cada capítulo o título.

Anime a los estudiantes a utilizar pistas contextuales para determinar el significado de las palabras desconocidas. Estas estrategias ayudarán a los estudiantes a aprender a analizar el texto con más detenimiento mientras leen.

Cuando termine de leer este libro, vaya a la penúltima página, donde encontrará las **Preguntas después de la lectura** y una **Actividad**.

Índice

Abróchense los cinturones. Estamos entrando al túnel del tiempo. Una vez adentro, podrás echar un vistazo al futuro. ¡Es decir, al futuro de los videojuegos! Las personas llevan casi un siglo conectándose para jugar. En ese tiempo, los juegos han avanzado a una velocidad increíble. Los juegos actuales no se parecen en nada a los de las décadas de 1950 y 1960, ¡ni a los de la década de 1990 o principios de 2000!

¿A qué jugarán tus hijos y nietos? ¿Cómo serán los videojuegos en los próximos 100 años? Es hora de averiguarlo. Agárrate fuerte. ¡Podría ser un viaje muy movido!

RA

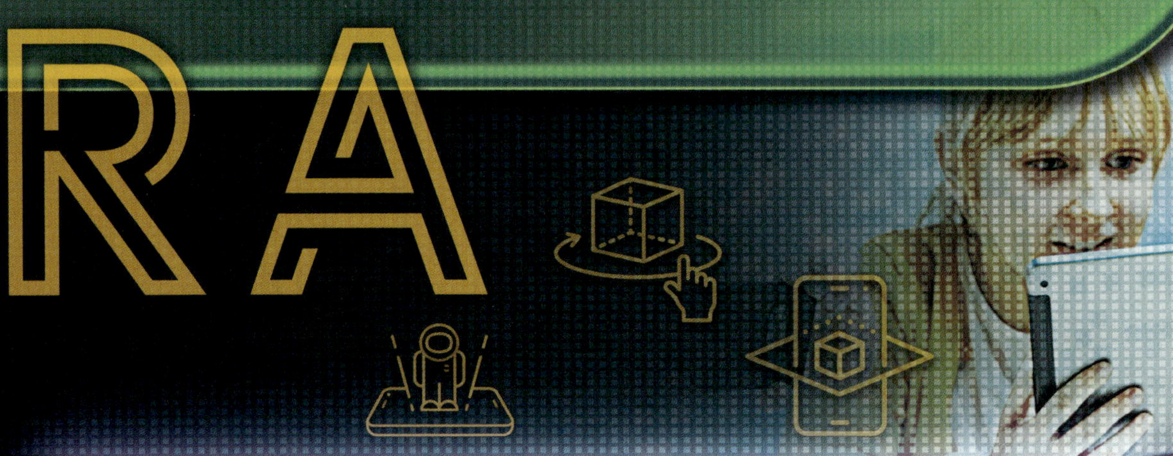

Los diseñadores de videojuegos están de acuerdo: el futuro de los videojuegos no está en la pantalla del televisor. Ni en la pantalla de una tableta o un teléfono inteligente. No: los videojuegos del futuro llevarán el juego al mundo real. En la realidad aumentada, o RA, los objetos, personajes y otros elementos generados por computadora mejoran el mundo físico.

En el popular juego *Pokémon Go!* utilizas un teléfono inteligente para «atrapar» a un Pokémon en tu patio o en tu cuarto. En el futuro, podrás jugar tenis de mesa con realidad aumentada en la encimera de la cocina. ¡O hacer volar un cohete por tu casa!

# RA POR TODAS PARTES

Los desarrolladores están trabajando en la realidad aumentada para las tareas cotidianas. Algún día podrás «probarte» ropa en un vestidor virtual o utilizar la realidad aumentada para decorar de nuevo tu cuarto con muebles virtuales.

Si la RA significa llevar el juego a tu mundo, la realidad virtual, o RV, es lo contrario. En los juegos de RV, los jugadores entran a un mundo en 3D. Estos juegos suelen utilizar gafas o auriculares. Los juegos engañan al cerebro haciéndole creer que el mundo virtual es real.

¿Te imaginas una pantalla que ocupe todo tu campo de visión? En lugar de tu sala, podrías ver un bosque de espantos o un estadio. Puedes caminar por el espacio e interactuar con los personajes. Así es la RV.

LISTO,
JUGADOR
UNO

En el futuro, algunos juegos podrían ir un paso más allá. Te permitirán convertirte en el juego, ¡sin necesidad de mandos! La tecnología Intel RealSense permite a los jugadores controlar los juegos mediante gestos. ¡Aprende los movimientos! Esto permite una jugabilidad muy **envolvente**.

ENVOLVENTE:
Profundamente interesante o agradable.

JUGANDO CON TUS EMOCIONES

Algún día podremos jugar con nuestros sentimientos. Las empresas trabajan en juegos que reconocen la cara y la voz de los jugadores.

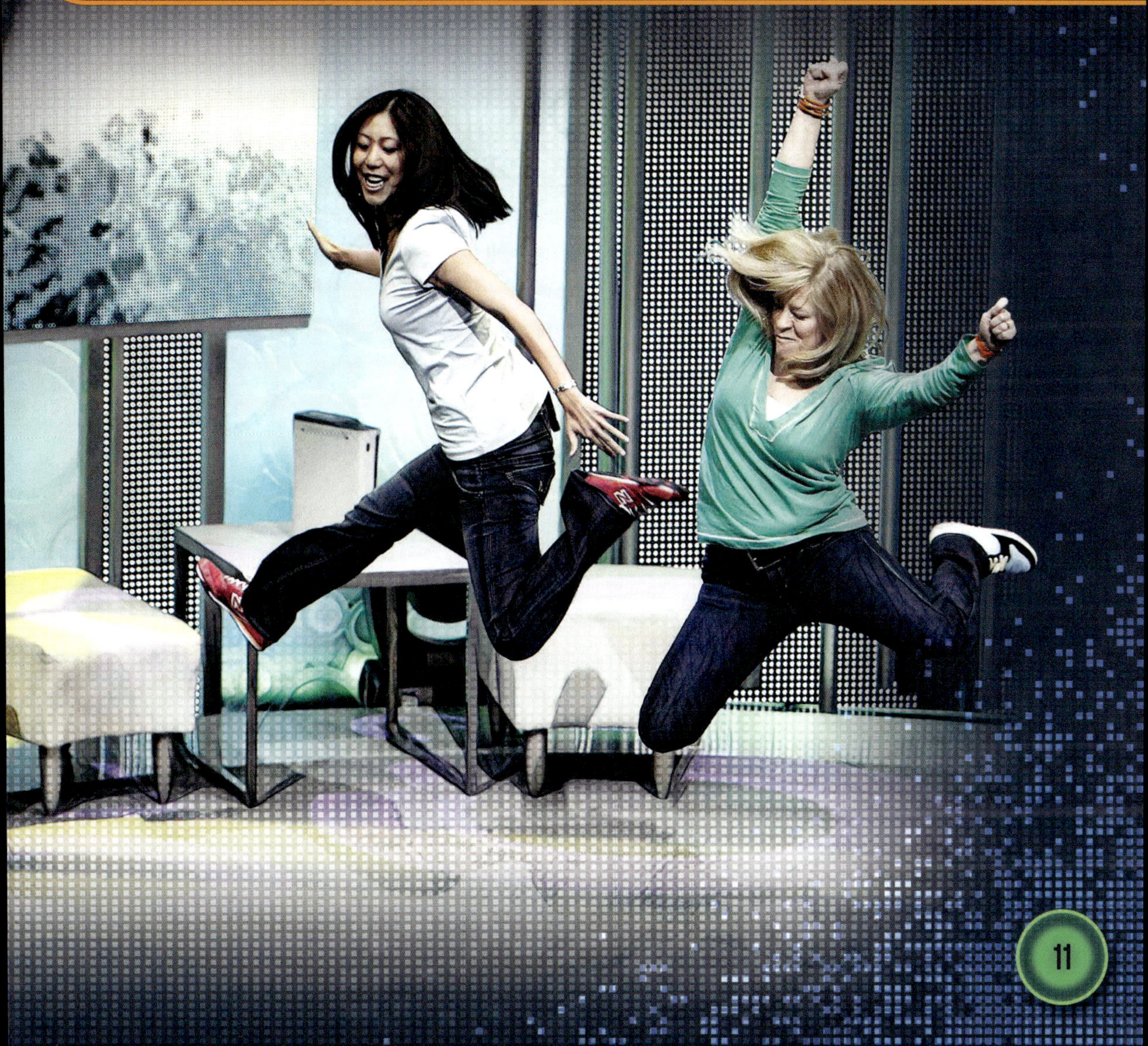

Con el aumento de la RA y la RV, los videojuegos se están volviendo más creativos y más físicos. Los juegos del futuro podrían combinar deportes físicos con efectos en 3D. ¡Imagina jugar fútbol con un equipo de unicornios o atrapar un insecto en lugar de una pelota de béisbol!

Los juegos competitivos serán sin duda diferentes en el futuro. De hecho, ya están empezando a cambiar. Hoy en día, los videojuegos populares y competitivos se llaman deportes electrónicos. Tienen equipos, aficionados y grandes campeonatos.

8.7K
RB LEIPZIG
the
@RYANPESSOA.
FRIDAY NIGHT FIFA FT. TRENT ALEXANDER ARNOLD – FIFA 20
Category: FIFA 20

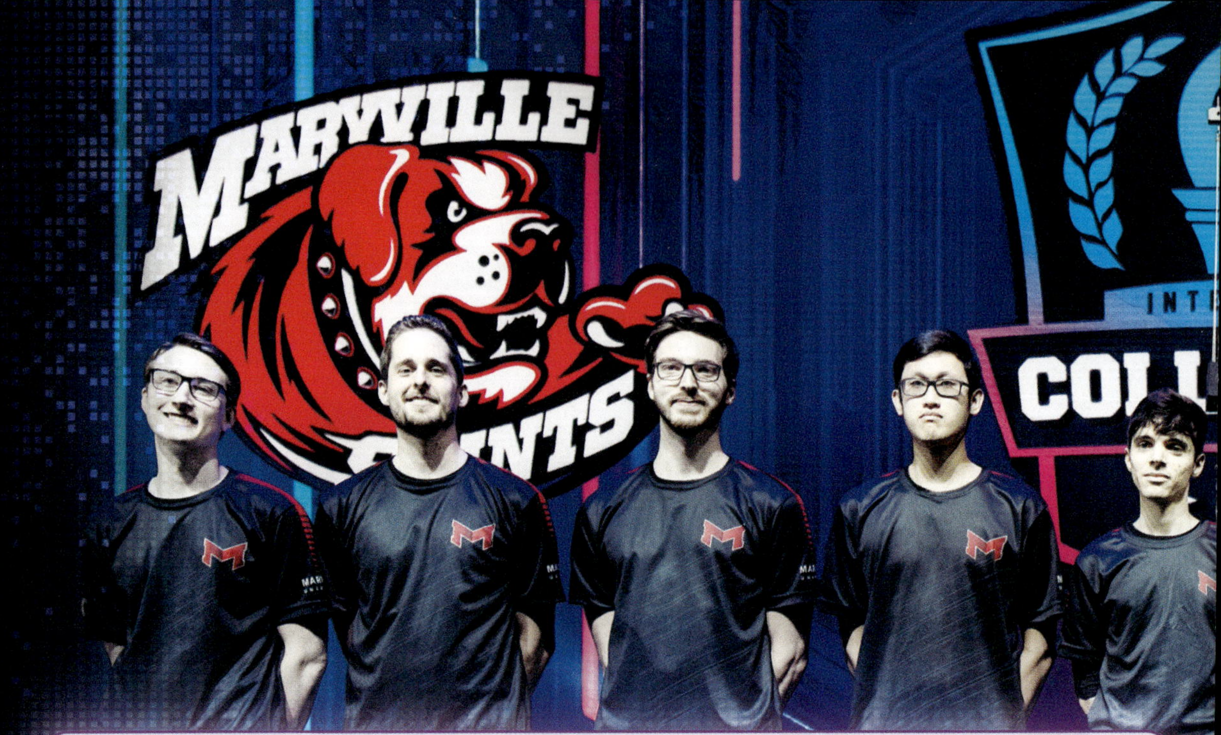

Todos sabemos que los videojuegos pueden ser costosos. Por suerte para algunos, los campeones de videojuegos de hoy en día pueden cobrar por jugar. Decenas de universidades de los Estados Unidos ofrecen **becas** para jugadores de deportes electrónicos. Con buenas notas y altos puntajes, los estudiantes pueden entrar a un equipo universitario.

La Universidad de California, en Irvine, ¡construyó incluso un campo de juego en el campus! Los jugadores de la UCI (llamados Anteaters) juegan en un conjunto de 72 computadoras. En el futuro, se espera que más universidades ofrezcan equipos de deportes electrónicos.

BECAS:

Dinero que se da para estudiar en la universidad o cursar estudios.

JUEGOS CON MEDALLA DE ORO

Los Juegos Olímpicos podrían incluir algún día deportes electrónicos. Los Juegos Olímpicos de 2024, en París, podrían haber contado con algunas pruebas de demostración de juegos. Depende del Comité Olímpico Internacional decidir si algún videojuego será parte oficial de las Olimpiadas en el futuro.

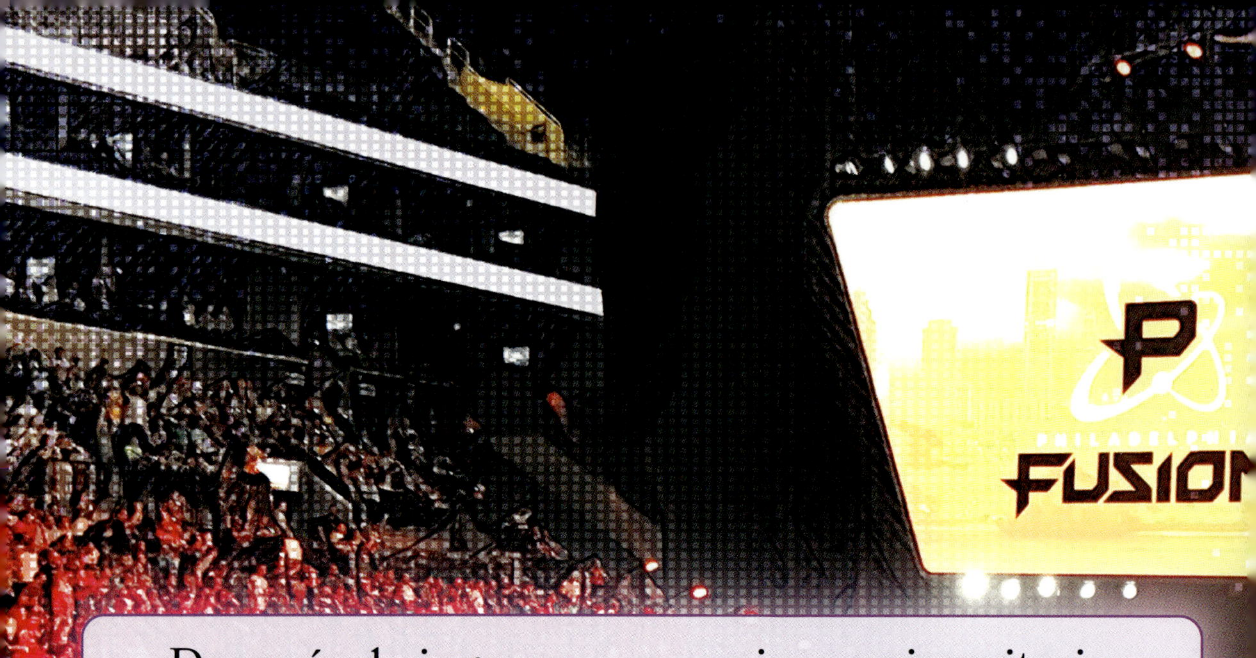

Después de jugar en sus equipos universitarios, algunos jugadores se vuelven profesionales. Cada año, los premios de los campeonatos son más y más grandes. Los mejores jugadores profesionales ganan millones de dólares jugando juegos como *Dota 2*, *Fortnite* y *Counter-Strike: Global Offensive*. En los próximos años, esos jugadores podrán esperar ganar aún más dinero.

A medida que aumentan los pagos en los deportes electrónicos, algunos jugadores pueden ver más oportunidades de hacer trampas. En 2021, un equipo de *League of Legends* fue declarado culpable de «mirar pantallas ajenas» en un campeonato. El equipo fue multado con el 12 por ciento de sus ganancias: ¡30,000 dólares!

QUITARSE EL SOMBRERO

NUNCA verás a un profesional de los deportes electrónicos con la cabeza cubierta en un evento en vivo. Las competiciones suelen prohibir todo tipo de gorras y sombreros. ¡Los jugadores podrían utilizarlas para hacer trampas! Por ejemplo, un jugador podría meter sus audífonos debajo del sombrero o la gorra y escuchar a sus rivales.

Con el paso de los años, los videojuegos no han hecho más que ganar popularidad. Según un estudio reciente, ¡tres de cada cuatro estadounidenses juegan videojuegos! Es decir, casi 244 millones de personas. Si miramos el futuro de los videojuegos, es probable que cada vez veamos más personas conectadas. Eso significa que el mundo de los videojuegos tendrá que hacerse un poco más grande. Por suerte, eso ya está sucediendo.

Poco a poco, los videojuegos se han vuelto más **diversos**. Mujeres, personas de color y con discapacidades comienzan a ser vistas en los juegos nuevos. *The Sims 4* es sólo un ejemplo de juegos que están añadiendo más tonos de piel y peinados.

DIVERSOS:
Que tienen muchos tipos o variedades diferentes.

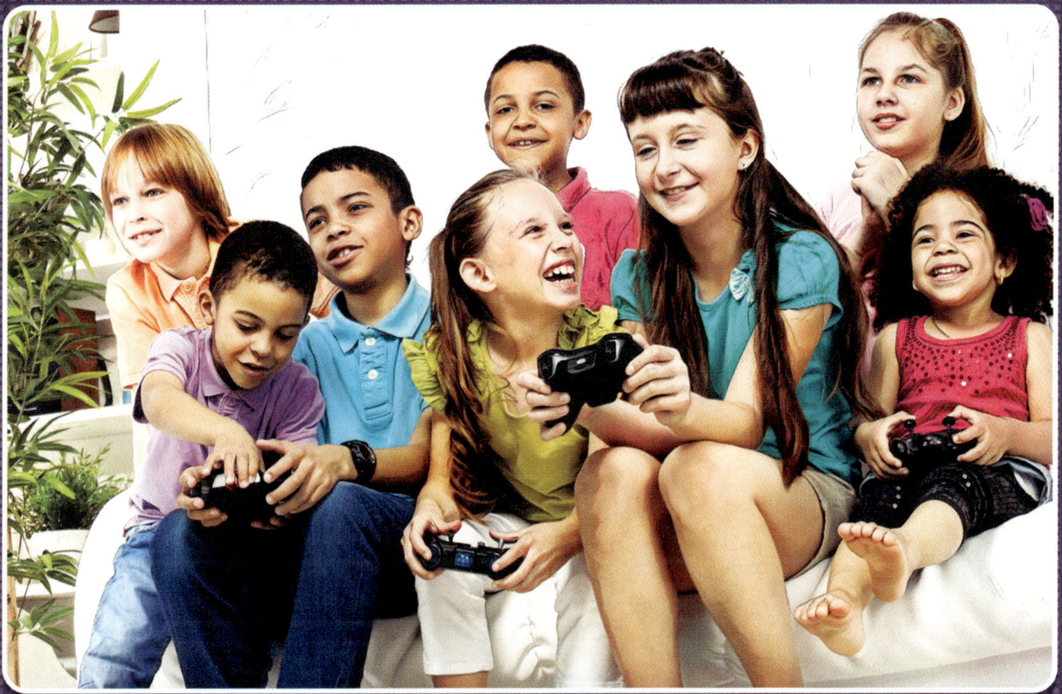

ESTE JUEGO ES GENIAL

Stacks On Stacks (On Stacks) es un juego protagonizado por Rockit, una joven que tiene una gran aventura. Para los creadores era importante que su juego tuviera como protagonista a una chica negra con pelo natural. Cuando más personas pueden verse a sí mismas en los videojuegos, entonces la comunidad de jugadores crece. ¡Y todos ganamos!

Algunas de las nuevas herramientas y funciones más interesantes de los juegos son **adaptables**. Estas herramientas ayudan a las personas a jugar con facilidad. Por ejemplo, el SUBPAC M2X es un chaleco para jugadores con problemas de audición. Convierte el sonido del juego en golpes y vibraciones que el jugador puede sentir. Xbox creó su propio mando adaptable con botones más grandes y espacio para controles adicionales. ¡Tiene un adaptador que puede conectarse a una silla de ruedas eléctrica!

Otra herramienta adaptable es Quadstick, un *joystick* que se activa con la boca, para personas con movilidad limitada. Incluso hay algunos juegos sólo de audio que son ideales para jugadores que no ven, o que tienen visión limitada.

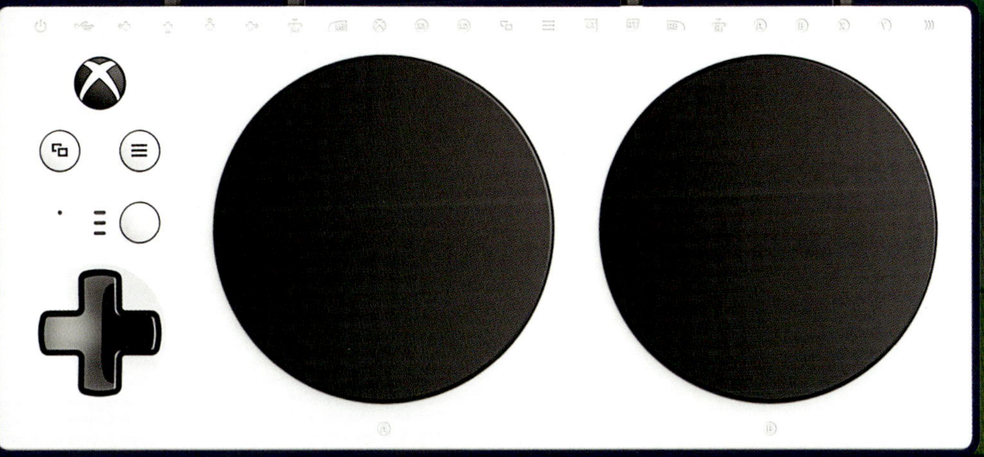

Mando adaptable de Microsoft Xbox y Windows 10

UNA NUEVA FORMA DE JUGAR *MINECRAFT*

La tecnología EyeMine es un nuevo software creado para *Minecraft*. El *software* rastrea los movimientos oculares, lo que permite a los jugadores jugar *Minecraft* con los ojos.

Juegas juegos de Nintendo Switch en la Nintendo Switch. Juegas juegos de Xbox en la Xbox. Pero en el futuro, ¡podrás jugar cualquier juego en cualquier dispositivo! Muchos expertos creen que esta tecnología no está muy lejos.

En lugar de comprar la última consola y los juegos que la acompañan, los jugadores podrían suscribirse a un servicio de **streaming**. En lugar de almacenarse en una tarjeta de memoria o en la consola, los juegos se guardarán y almacenarán en la nube. A la **nube** se accede por Internet. Una de las mejores ventajas de «jugar en la nube» es que permitiría jugar a más personas a un mismo tiempo. Ahora mismo, muchos juegos en línea tienen un límite de 100 jugadores. En la nube, podrías jugar con cualquier número de personas a la vez.

NUBE:

Las computadoras y conexiones que soportan el almacenamiento de datos en línea.

STREAMING:

Una transmisión en directo de contenidos multimedia sin que tengan que ser descargados.

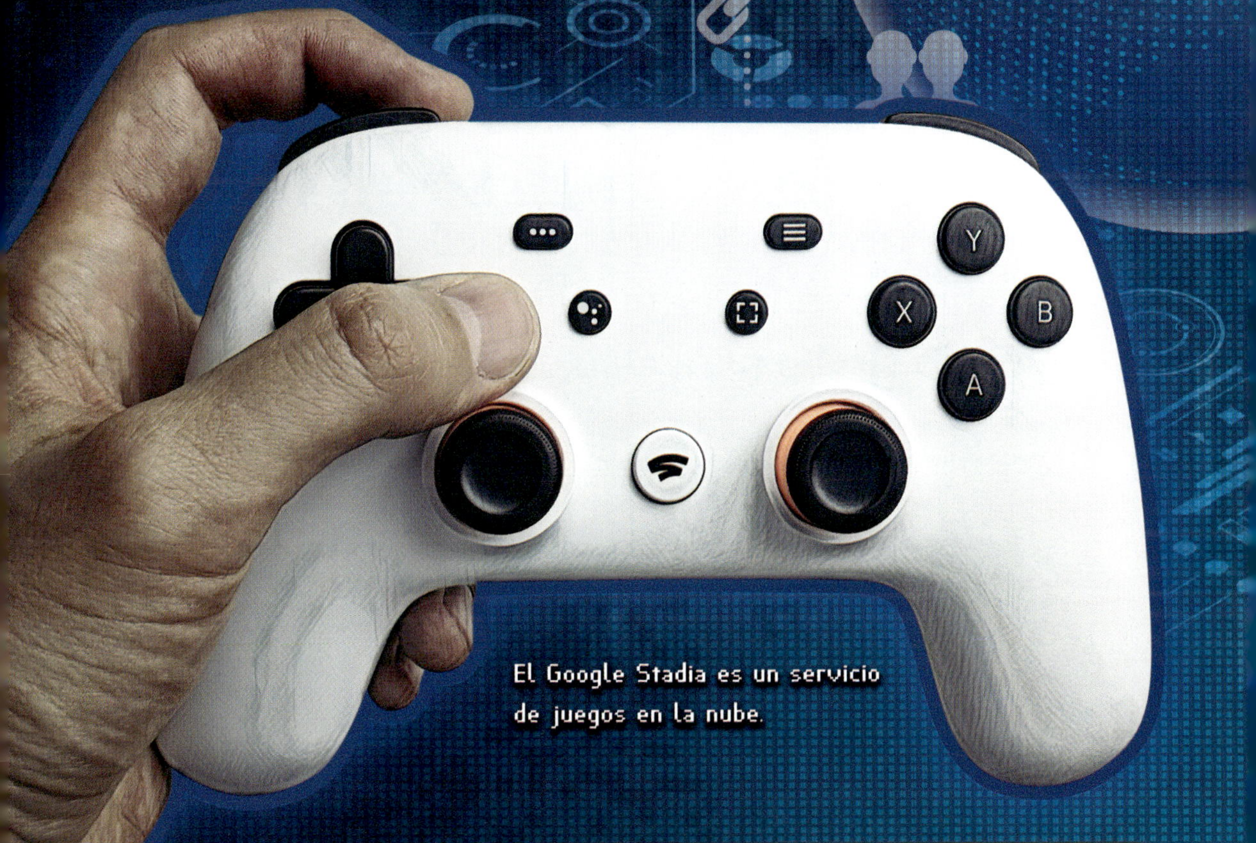

CUALQUIER MOMENTO ES BUENO PARA JUGAR

¿Juegas videojuegos en tu teléfono? El equipo de Razer espera que su mando ayude a los jugadores a mejorar su juego móvil. El Razer Kishi es un mando de dos piezas que se acopla casi a cualquier teléfono inteligente. Es un gran juego en un dispositivo pequeño.

Los videojuegos son divertidos. También pueden ser emocionantes, interesantes ¡e incluso terroríficos! Pero muchos programadores esperan que los videojuegos del futuro sirvan para algo más. Harán el bien.

¿Cómo será hacer el bien? Algunos de los últimos juegos son un buen ejemplo. *Antura and the Letters* es un juego gratuito y móvil que ofrece educación en árabe. Se espera que llegue a los niños sirios de los campos de refugiados que no pueden ir a la escuela. *That Dragon, Cancer* es un juego único que cuenta la historia de un niño al que diagnostican cáncer. Los creadores esperan que otras familias se identifiquen con su historia y encuentren un poco de consuelo en el juego.

En los últimos años, los videojuegos han pasado del salón a las aulas. ¡La tendencia ya no tiene freno! Los juegos de vuelo enseñan a pilotar aviones. Las personas utilizan *Rocksmith* para aprender a tocar la guitarra y *Duolingo* para aprender idiomas.

Los profesores están descubriendo que los videojuegos pueden utilizarse en las escuelas. *Assassin's Creed* se utiliza en las escuelas de secundaria para enseñar historia. *Roblox* y *Minecraft* ayudan a enseñar a trabajar en creación de equipos y en ingeniería. ¡Algunos profesores incluso utilizan un juego llamado *Kerbal Space Program* para ayudar a sus alumnos a aprender las bases de la ciencia de los cohetes! ¿Qué podría ser lo siguiente? Si puedes aprenderlo, puedes jugarlo.

RÁPIDO, DILES A TUS PADRES

¡Datos recientes demuestran que jugar videojuegos puede ser bueno para la salud! Además de reducir el estrés y ayudarte a tomar decisiones, los juegos pueden mejorar tu visión y mantener ágil tu memoria. Estas son buenas noticias para los jugadores.

Sin duda, los juegos tienen el potencial de mejorar nuestras vidas. En el futuro, será posible ver una amplia variedad de juegos que nos ayuden a aprender y a crecer. Con nuevas tecnologías como las RV y RA que dan vida a los juegos, los juegos del futuro llevarán el aprendizaje a un nivel completamente nuevo.

Más vale que le pongas unos lentes oscuros a tu personaje de videojuego: ¡el futuro de los juegos y de los deportes electrónicos es más brillante que nunca!

LAS COMPETICIONES SACAN
LO MEJOR DE MÍ

JUEGO DE MEMORIA

Mira las fotos. ¿Qué recuerdas haber leído
en las páginas donde aparecía cada imagen?

ÍNDICE ANALÍTICO

PREGUNTAS DESPUÉS DE LA LECTURA

1. ¿Por qué es importante la diversidad en los juegos?

2. ¿Cuáles son tres formas en las que el mundo de los videojuegos se está abriendo a más personas?

3. ¿Cómo pueden las herramientas adaptables ayudar a las personas a jugar videojuegos?

4. ¿Cómo se están volviendo los deportes electrónicos semejantes a los deportes tradicionales?

5. ¿Es posible ganar dinero jugando videojuegos?

ACTIVIDAD

Cuando se trata de crear videojuegos, sólo estamos limitados por nuestra imaginación. Piensa en un nuevo videojuego que los chicos podrían jugar algún día. Podría funcionar con una tecnología que aún no se ha inventado, ¡eso está bien! Escribe tu idea de juego y haz un dibujo que la acompañe. Nunca se sabe: puede que acabes de crear el próximo juego de éxito.

SOBRE LA AUTORA

Kaitlyn Duling es una amante de los videojuegos de toda la vida. Le gustan los juegos que la hacen moverse, pensar y soñar. Cuando no está con su Nintendo Switch, Kaitlyn escribe y vive en Washington, DC. Es autora de más de cien libros para niños y adolescentes.

www.rourkebooks.com

PHOTO CREDITS ©: page 4: coffeekai/ Getty Images; page 4: yackers1 / Shutterstock.com; page 4: Andrew Parsons GDA Photo Service/ Newscom; page 5: HeliRy/ Getty Images; page 5: Nata-Lia/ Shutterstock.com; page 5: Craig Russell / Shutterstock.com; page 5: Pixls / Shutterstock.com; page 5: Boumen Japet / Shutterstock.com; page 5: Pinkasevich / Shutterstock.com; page 5: Just_Super/ Getty Images; page 7: Anton Shaparenko/ Shutterstock.com; page 7: Gorodenkoff/ Shutterstock.com; page 8: Ron Dale/ Shutterstock.com; page 9: KDdesignphoto/ Shutterstock.com; page 10: Jackie Niam/ Getty Images; page 11: MARIO ANZUONI/REUTERS/Newscom; page 12: GDA Photo Service/Newscom; page 13: Scott Wilson/ZUMA Press/Newscom; page 13: ohishiistk/ Getty Images; page 14: Budrul Chukrut/ SOPA Images/Sip/Newscom; page 16: Courtney Becker/TNS/Newscom; page 19: Sergey Novikov/ Shutterstock.com; page 19: Imagentle/ Shutterstock.com; page 20: Microsoft/Cover Images/Newscom; page 21: mkfilm/ Shutterstock.com; page 21: Microsoft/Cover Images/ Newscom; page 21: ART PAL/ Shutterstock.com; page 22: Jackie Niam/ Getty Images; page 22: filo/ Getty Images; page 22: Bismillah_bd/ Getty Images; page 23: Mr.Mikla/ Shutterstock.com; page 23: Jackie Niam/ Getty Images; page 25: gn8/ Getty Images; page 25: klyaksun/ Getty Images; page 25: YakobchukOlena/ Getty Images; page 26: mkfil/ Shutterstock.com; page 26: Kashtanowww/ Shutterstock.com; page 27: Phoenix 1319/ Shutterstock.com; page 27: ART PAL/ Shutterstock.com; page 27: ymphotos/ Shutterstock.com; page 29: Prostock-studio/ Shutterstock.com; n/a: amtitus/ Getty Images

Edición de: Jennifer Doyle
Diseño e ilustraciones de la portada de: Joshua Janes
Diseño e ilustraciones de los interiores de: Joshua Janes
Traducción al español: Santiago Ochoa
Edición en español: Base Tres

Library of Congress PCN Data

Zona de tuberías: El futuro de los videojuegos / Kaitlyn Duling
(Juegos y deportes electrónicos)
ISBN 978-1-73165-963-7 (hard cover)
ISBN 978-1-73165-962-0 (soft cover)
ISBN 978-1-73165-964-4 (e-Book)
ISBN 978-1-73165-965-1 (e-Pub)
Library of Congress Control Number: 2024952723

Rourke Educational Media
Printed in the United States of America
01-0342511937